KB234024

신세대 직장인이 해야 할 일들

이태종 지음

삼한

머리말

  예절(禮節)이란 예의(禮儀)와 범절(凡節)이란 뜻이다. 따라서 예의는 사람과 사람의 사귐에 있어서 서로에게 예를 나타내는 말투, 몸가짐 또는 행동을 말하는 것이고, 범절이란 개인의 생활에 있어 갖추어야 할 말투와 행동을 의미한다. 이런 예의와 범절을 우리는 예절이라고 하는 것이다.

  사람이 생활하는 데 있어서 예절은 흔히 인간을 속박하고 억압한다고 생각해 불편하다고 의식적으로 경시하거나 귀찮아 하는 경향이 있다. 그러나 예절은 인간을 구속하거나 불편하게 하는 것이 아니라 윗사람을 공경하고 아랫사람에게는 귀감이 되며, 남에게 피해를 주지 않게 되는 것이다.

  인간은 사회적 동물이어서 혼자서는 절대로 살아갈 수 없다. 가정에서 부모와 자식의 예절이 있듯이 학교에서는 스승과 제자의 예절이 있고, 사회에서는 직장 상사나 동료, 선후배 사이에 반드시 지켜야 할 예절이 있다.

  더우기 사회에 첫발을 내딛는 신세대 신입사원들에게 있어서의 올바른 예의는 신뢰를 받게 되며, 명랑한 직장 분위기를 조성하는데 큰 역할을 하게 된다.

  모쪼록 이 책을 통해 예절의 기본을 익혀서, 예절 바른 사회인으로 성장하길 바란다.

차　례

제1장. 직장예절

직장은 공동이익을 추구하는 곳이며, 언제나 개인보다는 전체를 먼저 생각해야 하는 생활체이다. 그래서 그 소기의 목적을 위해서는 진실한 마음가짐으로 자기 개발에 힘을 기울이며 항상 긍지를 갖고 최선을 다해야 한다. 그리고 그 훈련된 마음가짐으로 아무리 사소한 일이라도 직장에서의 예절을 바르게 알고 행동하여 사랑받는 직장인이 되도록 한다.

1. 직장이란

  직장이란 학교나 가정에서 벗어나 지금까지의 세계와는 다른 계층과 연령으로 구성된 사회이다. 그리고 노동력을 댓가로 임금을 받으며 나이, 상식, 지식, 성격, 사고방식, 학력 등이 각기 다른 사람들이 모여 그 직위에 따라 수직관계를 맺으며 각자가 맡은 업무를 바탕으로 하나의 목표를 위해 협력하고 추진하는 조직체이다.

  직장의 특징은 일체의 개인적인 이유가 성립되지 않는다. 직장의 구성원이 임무를 다하지 못하게 되면, 그 공백만큼 업무추진이나 목표달성이 어긋나게 되고, 결국에는 회사 또는 구성원에게 피해를 주게 된다.

직장과 나

2. 직장생활의 3원칙

1. 약속은 반드시 지킨다.

· 약속을 하기 전에 지킬 수 있는가를 미리 생각한다.
· 약속한 일은 아무리 사소한 일이더라도 반드시 지킨다.
· 직장인의 생명은 약속한 것은 어떤 경우라도 반드시 이행하는
  것이다.

어떤 경우라도 약속은 반드시 지킨다.

2. 상대방의 입장을 존중한다.

· 절대로 주위 사람들에게 피해가 되지 않도록 행동해야 한다.
· 항상 자신보다는 상대방의 입장에서 먼저 생각하고 이해하는 마
  음으로 존중하는 자세를 갖는다.

항상 상대방을 존중하는 마음을 갖는다.

3. 능률을 먼저 생각한다.

- 직장이란 하나부터 열까지 생산성과 능률을 따지는 곳이다.
- 따라서 일이 어렵다거나 완벽하게 하기 위해서라고 하더라도 하루종일 마무리를 짓지 못한다면, 그것은 직장인으로서는 부적격이니 항상 능률과 생산성을 생각하고 일에 임하도록 한다.
- 직장은 가능한 일만을 요구하는 곳이며 따라서 그 일에 필요한 시간도 미리 계산하고 있다는 점을 언제나 잊어서는 안된다.

능률을 먼저 생각한다.

3. 직장인으로서의 마음가짐

  직장은 공동이익을 최대한으로 추구하는 곳이다. 자기 개발에 힘을 다하고 항상 긍지를 갖고 진실한 마음가짐으로 최선을 다해야 한다. 아무리 사소한 일이라도 직장에서의 예절을 바르게 배우고 행동하여 사랑받는 직장인이 되도록 하는 것이 직장인의 최고의 직무이다. 그러기 위해서는 항상 마음은 겸손하고 행동은 절도있고 맑아야 한다.

겸손에서 우러난 자신감

무단결근은 어떤 경우라도 용서받을 수 없다.

직장인에게 술로 인한 지각은 있을 수 없다.

일의 기본은 집중력이다. 한가지 일에만 정신을 집중시킨다.

적당주의는 안된다. 건성으로 한 일은 반드시 결과에서 나타난다.

잡담할 시간이 있으면 생각하고 연구한다.

적당주의는 안된다.

잔업지시에 대해 개인적인 이유로 거부하지 않는다.

오늘 일을 내일로 미루지 말고 반드시 그날 중으로 끝낸다.

4. 직장인의 옷차림

옷은 마음과 인격을 나타낸다. 그러므로 자신의 체형에 어울리는 알맞은 디자인을 선택하도록 한다. 특히 직장인의 복장은 기능적인 면을 먼저 생각해야 한다. 지나치게 유행에 민감해서도 안되지만 그렇다고 유행에 뒤떨어지는 것도 바람직하지 않다. 무엇보다 단정하게 입는 것이 중요하다.

1. 남자직원의 옷차림

양 복 · 지나친 원색이나 화려한 디자인은 피하고 전체적으로 자연스러운 것을 선택한다.
· 바지는 줄이 잘 서게 입고 길이는 구두에 가볍게 닿을 정도가 좋다.
· 어깨의 비듬이나 옷의 먼지는 자주 점검한다.

와이셔츠 · 요즘은 색깔있는 것을 선호하는 경향이 있지만 원색은 피하는 것이 좋다. 흰색이 가장 무난하다.
· 깃과 소매, 호주머니 등 손이 자주 가는 곳은 더러워지기 쉬우니 항상 신경을 쓴다.
· 와이셔츠 소매는 양복 소매로부터 1Cm정도 보이게 한다.

넥타이 · 양복과 잘 어울리는 색상을 선택한다.
　　　· 길이는 벨트에 닿을 정도나 3cm 정도 길게 맨다.
　　　· 틀어져 있지 않은지 항상 점검한다.
　　　· 때, 얼룩, 구김이 없도록 한다.

벨 트 · 구두와 같이 검정색이나 갈색 계통이 가장 무난하다.
　　　· 요란한 무늬나 디자인은 피하도록 한다.

구 두 · 검정색이나 갈색 계통이 무난하다.
　　　· 경박한 디자인은 피하는 것이 좋다.
　　　· 항상 뒷굽이 양호하며 깨끗하게 유지한다.

기 타 · 양말은 양복에 맞춘다.
　　　· 손수건은 항상 깨끗하게 갖고 다닌다.
　　　· 면도를 자주 해서 말쑥한 느낌이 들도록 한다.
　　　· 손톱은 단정하고 때가 끼지 않도록 한다.
　　　· 콧털이 보이지 않도록 한다.

2. 여자직원의 옷차림

복 장 · 때와 장소, 분위기에 맞는 옷을 입는다.
　　　· 같은 옷을 매일 입지 않도록 노력한다.

구 두 · 항상 깔끔하게 손질한다.
　　　· 사무실에서는 슬리퍼를 신지말고 굽이 낮은 구두를 신도록
　　　　한다.

화 장 · 혐오감을 줄 정도의 짙은 화장은 하지 않는다.
　　· 화장은 점심시간이나 근무가 끝난 후에 고친다.

머 리 · 자주 감아 깨끗하게 유지한다.
　　· 긴 머리는 특히 신경을 써서 단정하게 한다.
　　· 앞 머리가 눈을 가리지 않게 한다.
　　· 머리장식은 화려한 것은 피한다.

악세서리 · 지나치게 화려하거나 요란한 것은 피한다.

향 수 · 향수는 자신이 아주 약하게 느낄 정도로 연하게 뿌린다.
　　· 향이 다른 향수를 섞어서 사용하지 않는다.
　　· 향취는 아래에서 위로 올라오는 성질이 있으니 무릎이나 복
　　　숭아뼈, 스커트단 등 움직이는 곳에 뿌린다.
　　· 손목, 발목, 귀 뒤쪽 등 맥박이 뛰는 곳에 사용한다.
　　· 보석이나 악세서리 , 모피 등 물체에는 직접 뿌리지 않는다.
　　· 직사광선이 직접 닿는 머리카락 등에는 뿌리지 않는다.

기 타 · 손수건은 항상 깨끗하게 갖고 다닌다.
　　· 스타킹은 옷과 구두와 어울리게 한다.
　　· 매니큐어는 짙은색은 피하고 벗겨지지 않도록 한다.
　　· 손톱은 너무 길게 기르지 않는다.

5. 인 사

인사는 사람과 사람을 이어주는 고리로 윤활유 역할을 한다. 또한 인사하는 태도에 따라 직장의 분위기가 좌우됨은 물론 하나의 공동체 속에 같이 살고 있음을 느끼게 해준다.

따라서 인사는 지나치다고 생각할 정도로 친절하게 하는 것이 좋다. 그러니 존경과 감사의 마음이 깃든 인사를 상대방보다 먼저 하는 습관을 붙이도록 하자.

밝은 인사는 대인관계의 기본이다.

1. 정중한 인사

많이 높은 사람이거나 중요한 손님을 대접할 때, 또는 사과할 때 하는 인사로 한번만 한다. 똑바로 선 자세로 발꿈치를 모아서 붙이고, 상대방을 똑바로 보고 상체를 50도 정도 숙였다가 서서히 일으켜 정중하게 경의를 표한다.

2. 보통인사

일상생활에서 가장 많이 하는 인사법이다. 보통 윗사람이나 손님에게 한다. 남자는 두 팔과 손을 바지 옆 솔기에 붙이고, 여자는 두 손을 앞으로 다소곳이 모으면서 상체를 30도 정도 굽혀서 인사하는 방법이다.

3. 목 례

부드럽고 밝은 표정으로 가볍게 고개만 끄덕이는 인사법으로 명랑한 눈으로 예를 전한다. 자주 마주치는 상사나 동료, 또는 안면이 전혀없는 사람이라도 회사내에서 만났을 때 한다.

4. 여러가지 인사

인사는 평범하고 쉬운 것이지만 습관되지 않으면 실천에 옮기기 어렵다. 직장생활을 보다 능률적이고 유쾌하게 하기 위해서 존경심과 감사한 마음이 깃든 인사가 몸에 배이도록 노력해 보자. 이것이 업무능률을 신장시키는 제일의 요건이다.

자세를 바르게 하고 양 손을 바지 옆 재봉선
에 붙인 뒤 상대방의 시선에 초점을 맞춘다.

머리와 등이 일직선이 되도록 숙인다.

머리를 숙인 상태에서 자연스럽게
잠깐 멈춘다.

숙일 때보다 조금 천천히 몸을 일으키면서
상대방을 부드럽게 응시한다.

남자는 차려자세로 주먹 안쪽을 바지 재봉선 중앙에 살며시 댄다.

여자는 똑바로 서서 오른손 엄지를 왼손 엄지와 인지 사이에 끼워 가볍게 복부에 댄다.

즐거운 하루는 나로부터 시작되는 것이니 내가 먼저 밝고 친절한 인사를 한다.

인사는 진심을 담아 적극적으로 한다.

좋은 인상을 줄 수 있는 바른 인사법을 몸에 지니도록 한다.

인사를 생활화한다.

남에게 피해를 주거나 실수했을 때는 먼저 사과한다.

지각했을 때는 사과인사를 잊지 않는다.

통화 중에 상사가 지나가면 자리에서 살짝 일어나 가볍게 목례한다.

외출이나 출장 때도 인사를 잊지 않는다.

휴가 전후에는 감사하다는 인사를 하도록 한다.

출퇴근 중에 상사나 선배, 동료 등을 만나면 적극적으로 인사한다.

6. 기본 자세

직장에서 여러사람이 같이 일을 하면서 근무자세가 좋으면 그것만으로도 상대방에게 호감과 신뢰감을 줄 수 있다. 그런가 하면 자세가 바르지 못한 사람은 나쁜 인상을 줄 뿐 아니라, 업무능률도 오르지 않고 서로의 감정을 거스릴 수 있으니, 올바른 근무태도를 익히도록 하자.

회사의 사훈 정도는 외우고 다닌다.

일을 실행하기 전에 철저하게 계획을세운다.

계획(Plan)하고, 실행(Do)하고, 점검(See)하는 P. D. S. 원칙을 습관화한다.

연간, 월간, 주간 등 계획표를 만들어 행동한다.

현재의 방법에만 의존하지 말고 끊임없이 연구하는 자세로 노력한다.

일의 해결방법은 자신의 연구와 노력으로 찾아야 한다.

직장인에게 메모도구는 병사에게 총이나 칼과 같다.

월급을 받기 위해 어쩔 수 없다는 생각은 금물! 자신의 일에 자부심과 흥미를 갖는다.

동료의 약점을 들추는 등의 비겁한 행동을 하지 않는다.

상대방의 의견을 존중하며 자신의 부족한 부분을 반성하는 태도를 기른다.

회사의 능률을 향상시키도록 노력하며 자신의 직분을 잘 지킨다.

당당한 경쟁을 통해 자신의 능력을 발휘한다.

실수는 누구에게나 있게 마련. 잘못을 시정하는 데 망설이지 마라.

실패는 전진을 위한 원동력이니 두려워하지 마라.

실수를 했을 때는 쓸데없는 변명을 하지 않는다.

사고는 갑자기 찾아오는 것. 유비무환의 자세가 필요하다.

직장의 안전은 각자의 기본적인 건강에서부터 시작된다.

내 돈이 아니라는 생각으로 회사경비를 함부로 쓰는 일이 없도록 한다.

회사의 비품이나 소모품 등을 함부로 방치하거나 사용해서는 안된다.

직장에서 물건을 잃어버리는 것은 다른 사람에게 피해를 주는 것이다.

직장 동료나 상사를 아끼는 마음을 가져 원만한 대인관계를 유지한다.

7. 앉은 자세

의자 왼쪽으로 들어가 허리와 가슴을 펴고 의자 깊숙히 안정되게 앉는다.

무릎은 단정히 모아서 붙이고 두 손을 가볍게 무릎 위에 놓는다.

여자는 무릎과 다리를 모아 옆으로 비스듬히 뻗는다.

비스듬히 앉거나 손을 아무렇게 놓지 않는다.

8. 걷는 자세

등을 곧게 펴고 어깨는 수평을 유지하면서 앞을 똑바로 보고 자연스럽게 걷는다.

발은 일직선으로 떼고 발의 중심과 양 어깨가 정삼각형이 되어야 하며
발바닥이 보이지 않도록 한다.

9. 출 근

아침에는 일찍 일어나서 여유있게 출근하는 습관을 들인다.

몇시에 일어나든 어떻게 출근하든 지각만 하지 않으면 된다는 생각은 절대금물이다.

명랑하고 친근감있는 아침인사를 한다.

최소한 업무시작 10분 전에는 자리에 앉아서 마음의 준비를 한다.

갑작스런 사고로 지각이 확실해졌을 때는 먼저 연락을 취한다.

아침식사는 하루를 시작하는 필요한 에너지이니 거르지 않는다.

실내에 들어갈 때는 흙이나 먼지, 빗방울 등을 깨끗히 턴다.

겉옷이나 우산 등은 지정장소에 둔다.

10. 퇴 근

당일업무를 마무리한 후에는 다음날의 업무계획을 메모해 둔다.

퇴근준비는 근무시간이 끝난 다음에 한다.

서류나 비품 등은 정해진 장소에 두고 책상 위를 깨끗하게 정리한다.

퇴근하기 전에 다시 한번 주변이나 사무실 안을 확인한다.

남보다 먼저 퇴근할 경우에는 그냥 가버리는 일이 없도록 한다.

상사나 동료, 선배에게 인사한 후 퇴근한다.

11. 외 출

　직장생활에 있어 근무 중에는 자신의 소속이 회사라는 사실을 항상 명심해야 한다. 근무시간에 외출했다가 바로 퇴근할 경우에는 반드시 회사에 알린다. 일단 출근한 이후에는 언제라도 자신의 행방을 분명하게 해서 연락이 가능하게 해야 한다. 만일 소홀히 하면 다른 동료에게 피해를 주거나 회사에 손실을 가져올 우려가 있으니 주의한다.

외출할 때는 목적과 행선지를 분명하게 밝힌다.

개인적으로 사용한 비용을 회사에 청구하지 않는다.

버스나 지하철을 이용하고 택시요금으로 청구하지 않는다.

근무시간 중에 외출했다가 그대로 퇴근해 버리는 일이 없도록 한다.

12. 출 장

　직장생활을 하다보면 여러가지 일을 해야 하고 또 출장을 갈 경우가 생긴다. 이때 대부분의 신입사원들은 마치 여행이라도 떠나는 기분으로 즐거워 하지만, 출장은 여행이 아니라 근무의 연속이다. 출장 중의 자기가 해야 할 모든 업무는 하나에서 열까지 회사를 대표하는 입장에서 처리되는 일이며, 그 일에 관한 모든 책임을 져야 한다. 특히 처음 방문하는 곳은 사전에 약도 등 세밀한 준비를 한다.

출장지에서는 자신이 회사를 대표한다는 것을 잊어서는 안된다.

출장은 여행이 아니다. 사전준비를 완벽하게 한다.

소지품이나 옷차림이 활동에 지장이 되어서는 안된다.

공중도덕을 지키며 바르게 행동한다.

출장 중에 계획이 변경되면 즉시 회사로 연락한다.

13. 회 의

회의는 바르고 진지한 자세로 참석해야 한다.

침묵은 금이지만 회의 중의 침묵은 죄다.

회의는 참석만 하면 된다는 생각으로 임하면 안된다.

회의 중에 지나친 수다나 의견의 강요는 삼가한다.

14. 실내에 드나들 때

문을 여닫을 때는 큰 소리가 나지 않도록 조심한다.

다른 부서의 방에 들어가면 그곳 책임자에게 가볍게 인사한 후 용무를 본다.

문을 열었을 때 반대쪽 사람과 부딪히게 되면 살짝 양보한다.

뒤에 들어오는 사람이 있을 때는 문을 완전히 닫지말고 조금 열어 놓는다.

15. 통로에서

좌측으로 조용하게 걷는다.

상사나 손님을 만나면 정중하게 인사를 한 후 옆으로 비켜서서 양보한다.

여러명이 길을 막으면서 걸어가는 일이 없도록 한다.

급한 용무로 앞질러갈 때는 인사를 한다.

행선지를 모르는 방문객을 만나면 친절하게 안내한다.

통로에서 잡담을 하면서 남에게 불편을 주지 않는다.

16. 물건을 취급할 때

물건은 공손하고 정중하게 건넨다.

물건은 두 손으로 주고 받으며 작은 것은 한쪽 손을 곁들여 건넨다.

소리를 내거나 떨어뜨리지 않도록 주의한다.

가위나 칼, 우산 등과 같이 날카로운 물건은 상대방이 손잡이를 쥘 수 있도록 건넨다.

서류나 책, 신문 등은 상대방이 바로 볼 수 있도록 건넨다.

서류를 다른 곳으로 가져갈 때는 서류전용 봉투를 이용한다.

서류가 든 봉투는 겨드랑이에 끼고 다니는 조심성을 갖는다.

주전자 물을 따를 때는 한 손은 손잡이를 잡고, 다른 한 손은 주전지 뚜껑 꼭지를
가볍게 눌러 내용물이 튀지 않도록 한다.

음식그릇이나 찻잔은 쟁반에 받쳐서 들고 다닌다.

찻잔은 손잡이가 상대방의 오른쪽으로 가도록 놓는다.

17. 지시를 받을 때

상사가 부르면 즉시 똑똑하게 대답한다.

지시를 받기 위해 상사 앞으로 갔을 때는 먼저 자신의 소속과 이름을 밝힌다.

지시사항은 반드시 메모한다.

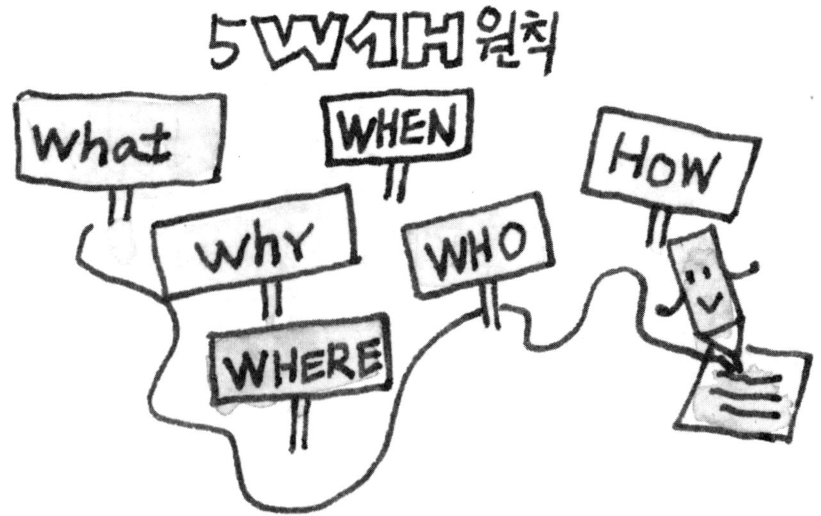

메모는 5W1H원칙에 따라 기록한다.

내용을 이해하지 못했을 때는 그 자리에서 다시 물어서 확인한다.

메모내용을 요약하여 확인한다.

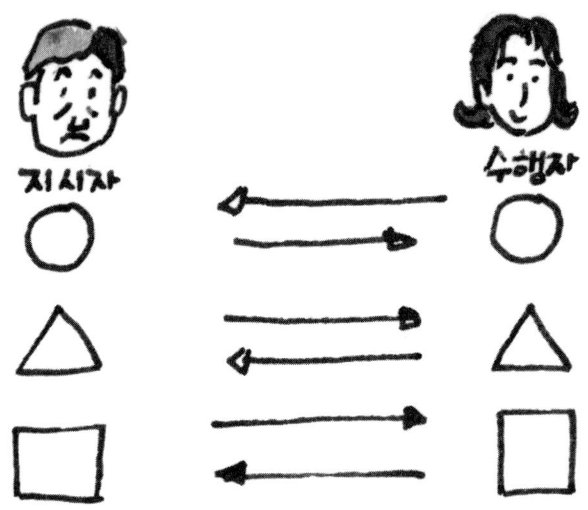

지시자가 요구하는 것이 무엇인가를 정확하게 파악해서 보고한다.

지시를 받을 때는 말참견을 하지않고 끝까지 경청한다.

18. 지시사항을 수행할 때

일의 경중과 완급을 가려 순서를 정한다.

일을 해보지도 않고 포기하지 않는다.

19. 지시사항을 보고할 때

상황이 변하거나 문제가 발생했을 때는 중간보고를 한다.

지시된 방침이나 방법으로 불가능할 때는 중간보고를 한다.

결과보고는 남에게 미루지 말고 자신이 한다.

결과보고는 반드시 지시한 사람에게 한다.

내용이 복잡하거나 중요한 것은 문서로 작성한다.

간단하고 요령있게 보고하되 우선 결론부터 말하고
과정이나 자신의 의견은 나중에 말한다.

최종보고를 하기 전에 정확하고 충분한가를 다시 한번 검토한다.

지시자가 자리에 없을 때는 메모를 해서 테이블 위에 놓는다.

20. 근무시간에 피해야 할 행동

책상 위에 엎드리거나 턱을 괴고 앉지 않는다.

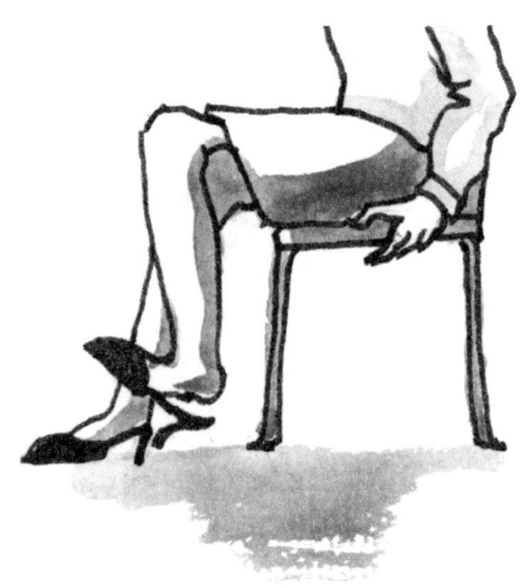

다리를 꼬고 앉거나 신발을 반만 걸치고 흔들지 않는다.

의자 끝에 매달리듯 앉거나 등받이에 기대 몸을 흔들지 않는다.

기지개를 켜거나 하품을 하지 않는다.

근무시간에 업무와 관계없는 일이나 책을 보지 않는다.

근무시간에 개인적인 전화통화는 삼가한다.

근무시간에 손톱이나 머리, 옷 등을 손질하지 않는다.

손님을 앞에 두고 동료들과 잡담을 하지 않는다.

이쑤시개를 물고 다니지 않는다.

주머니에 손을 넣고 걸어다니지 않는다.

21. 여자직원을 대하는 태도

사소한 심부름을 시키지 않는다.

혐오감을 느낄 수 있는 외설적인 이야기를 삼가한다.

특정 여직원의 단점이나 장점을 떠들고 다니지 않는다.

여직원의 용모나 옷차림을 비평하지 않는다.

22. 흡 연

요즘은 금연운동이 확대되면서 금연장소도 점점 늘고 있다. 직장에서의 흡연을 완전히 금지할 수는 없지만 담배를 피울 때는 우선 장소의 적합성을 판단해야 한다. 사람이 많고 혼잡한 곳에서는 다른 사람에게 불쾌감과 거부감을 줄 수 있고, 또 인화물질이 있을 가능성이 있는 곳에서는 화재의 염려도 따른다. 따라서 흡연자는 항상 조심하고 지정된 장소에서만 담배를 피우도록 한다.

금연장소는 반드시 지킨다.

담배는 사양해도 예의에 어긋나는 것이 아니다.

상대방이 담베를 피우지 않으면 삼가하는 것이 좋다.

상대방을 향해 담배연기를 내뿜지 않는다.

다른 곳을 방문했을 때나 방문객을 맞이했을 때 자리에 앉자마자 담배를 피우지 않는다.

담뱃재를 아무곳에나 털지 않는다.

23. 음 주

　술은 적당히 마시면 약이 되지만 지나치면 독이 된다는 말이 있다. 이 말은 진리로 받아들여지고 있다. 그러므로 음주는 반드시 약이 되도록 해야 한다. 지나치면 본인은 물론 회사에도 독이 되어 돌아간다.

음주속도는 분위기와 자신의 체질을 고려해서 조정한다.

윗사람에게는 정중하게 의사를 확인한 후 두 손으로 술을 권한다.

술자리에서 회사나 상사에 대한 험담을 하지 않는다.

술잔을 돌릴 때는 분위기나 상대에 따라 적당하게 한다.

술집에서는 명함을 함부로 돌리지 않는다.

아는척이나 잘난척을 하지 않는다.

술을 마신 다음날일수록 일찍 출근한다.

제2장. 대화예절

사람이 생활을 하는데 있어서 대부분의 의사소통은 대화로 이루어진다. 그러므로 직장 동료나 상사, 그리고 손님들과의 원만한 관계 유지를 위해서는 올바른 말씨와 정확한 의사표현으로 마음에서 우러나오는 진실한 말을 사용하도록 한다.

1. 대화하는 자세

  진실한 태도에서 나오는 대화는 상대방의 마음을 움직인다. 따라서 진실하지 못한 대화는 상대방의 기분을 상하게 할뿐 아니라 신뢰감을 잃게 할 수도 있다. 이렇게 한마디 한마디 대화는 중요한 것이다. 따라서 상대방의 입장을 생각하며, 상황에 맞는 화제를 선택하도록 한다.

대화는 진실하게 해야 한다.

2. 말하기

  말은 마음의 표현이다. 아무리 좋은 생각이나 의견이더라도 적절한 말과 알맞은 표현이 되지 못하면 아무 소용없다. 흔히 말재주가 좋으면 되는 것으로 알고 있지만 아주 잘못된 생각이다. 오로지 상대에게 하는 말하기는 끝까지 예의바른 태도로 올바른 생각을 편안하고 알기 쉽게 전해야 한다.

편안한 마음을 가질 수 있게 밝고 명랑한 표정과 정확한 발음, 적당한 속도로 말한다.

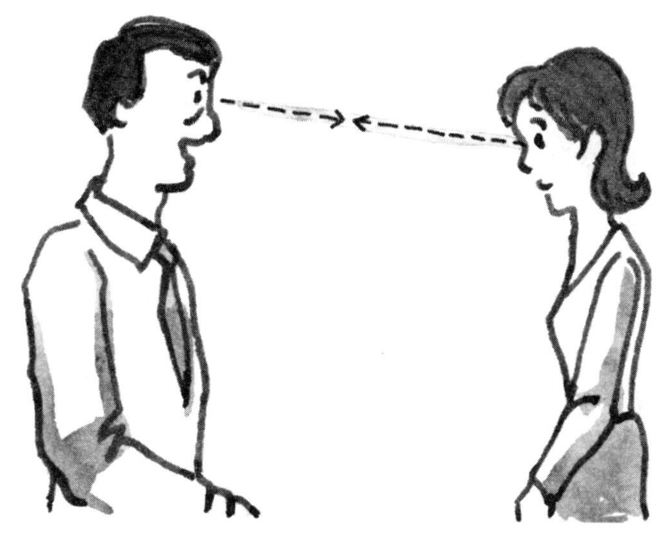

자세를 바로 하고 상대방의 눈을 보면서 이야기한다.

상대방이 알아듣기 어려운 말은 삼가한다.

상대방이 흥미를 느끼는 이야기부터 시작한다.

상대방의 비밀이나 싫어하는 내용은 삼가한다.

말은 마음의 표현이니 성의있는 태도로 임한다.

지나치게 아는 척을 하지 않는다.

3. 듣 기

대화를 할 때 말을 많이 하는 것보다는 열심히 들어주면, 호감을 살 수 있을 뿐 아니라 그로인해 상대방을 대하기가 아주 편해진다. 그러나 상대방의 말을 열심히 들어준다는 것은 지극히 어려운 일이어서 많은 인내심이 요구된다. 열심히 들어주는 것만큼 그 대화는 성공적인 대화로 이어진다. 직장은 늘 성공적인 업무수행을 요구한다는 것을 명심하자.

상대방을 정면으로 부드럽게 바라본다.

손이나 다리를 꼬지말고 상대방이 편안함을 느낄 수 있게 한다.

상대방에게 몸을 살짝 기울여 맞장구를 치면서 듣는다.

시선을 다른 곳에 두면 상대방이 무시를 받는다는 느낌을 갖을 수도 있다.

눈을 치켜뜨거나 노려보는듯한 느낌을 주지 않도록 한다.

4. 대화할 때 주의사항

말은 경우에 따라서는 칼보다 더 큰 상처를 주기도 한다.

직장에서나 윗어른께는 친구사이에 쓰는 말투를 사용하지 않는다.

상대방을 너무 뚫어지게 쳐다보지 않는다.

다른 곳을 보거나 주위를 두리번 거리지 않는다.

대화 중에 실없이 웃지 않는다.

대화 중에 하품을 하거나 서류 등을 만지작 거리지 않는다.

굽실거리거나 무시하는듯한 태도는 피한다.

화제와 동떨어진 이야기를 꺼내지 않는다.

불평, 반대, 비판 등을 지나치게 하지 않는다.

상대방이 싫어하는 화제는 피한다.

제3장. 전화예절

　전화는 상대방의 얼굴을 보지 않으면서 대화를 하는 것이기 때문에 잘못하면 오해를 발생시킬 여지가 많다. 전화는 들려오는 소리에만 의하여 서로의 의사를 주고받는다는 점을 감안하여, 상대방이 잘 알아들을 수 있도록 정확하게 발음을 하고 톤을 조절해야 한다. 그리고 지금 걸고있는 전화 한통은 회사 전체의 이미지를 결정할 수도 있다는 것을 항상 명심하면서, 통화가 끝날 때까지 각별히 신경을 쓰도록 한다.

1. 전화란

　전화는 가정에서든 직장에서든 일상적으로 사용하기 때문에 별다른 어려움이 없을 것 같으나, 막상 회사에 입사하면 남녀를 불문하고 누구나 한번쯤은 전화 공포에 시달리게 된다. 그러나 전화를 걸거나 받을 때 자신의 신분을 정확히 밝히고 정중하게 용건을 말한다면 상대방으로부터 오해를 사거나 불쾌한 일이 일어나지 않을 것이다. 전화 사용에는 올바른 말씨의 예절이 무엇보다 중요하다는 것을 염두해 두자.

· 전화의 특징

공공성 :전화는 자신의 책상 위에 있다해도 공공용이다. 따라서 용건은 간단하게 하고 통화할 용건을 미리 정리해 두는 습관이 중요하다.

유용성 :일일히 찾아다니지 않으면서도 일을 볼 수 있어 유용하다. 전화를 걸거나 받을 때는 업무의 연속임을 명심하고 통화시 대화법과 태도에 유의한다.

시각 및 장소의 제한성 :전화를 이용한 통화는청각에만 의존한다는 점을 고려하여 상대방이 가장 잘 알아들을 수 있도록 적당한 송화기 위치와 말소리를 맑게 구사한다.

2. 전화를 받을 때

전화벨이 울리면 즉시 받는다.

늦게 받았을 때

메모준비를 습관화한다.

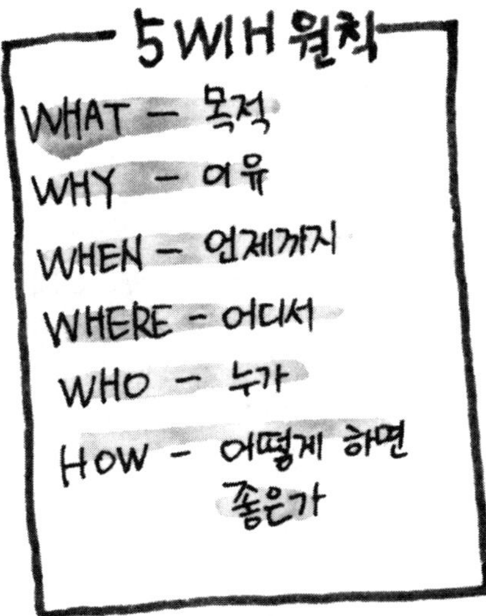

용건은 간단 명료하게 5WIH원칙으로 정리하여 메모한다.

잘못 걸려왔을 때

다른 사람에게 바꾸어 줄 때

전화받을 사람이 통화중일 때는 메모를 해서 전해준다.

상대방이 찾는 사람이 자리에 없을 때

용건을 마쳤으면 끝맺음 인사를 잊지 않는다.

상대방이 전화를 끊은 다음 수화기를 내려놓는다.

3. 전화를 걸 때

통화용건을 5WIH원칙으로 미리 정리한다.

상대방이 응답했을 때

전화가 잘못 걸렸을 때

통화하고 싶은 사람이 없을 때

대신 거는 전화일 때

업무전화는 건 쪽에서 먼저 끊는다.

4. 삼가해야 할 행동

근무 중에 개인적인 전화를 오래 사용하지 않는다.

잘못 걸려온 전화라도 짜증을 내지 않는다.

불손한 말투는 삼가한다.

전화를 받으면서 다른 일을 한다던가 담배를 피우지 않는다.

윗사람에게 할 전화를 아랫사람에게 시키는 것은 예의가 아니다.

용건이 끝나자 마자 끊어버리지 않는다.

상대방이 있는데도 없다고 하면 안된다.

메모를 하지 않으면 잊을 수가 있다.

제4장. 방문과 접대예절

　직장생활에서는 여러가지 형태의 회사업무를 보야야 한다. 그 중에서 다른 회사나 관공서 등을 방문하거나 그와는 반대로 자기 회사를 찾아온 손님을 접대해야 하는 경우가 생긴다. 이런 경우를 대비하여 올바른 방문예절과 접대예절을 몸에 완전히 익히도록 한다.

1. 방 문

 전화나 편지, 팩스 등으로 처리할 수 없는 용건으로 다른 회사를 방문할 때는 상대방이 당황하지 않게 사전에 연락을 취하고 적당한 시간을 정해서 찾아간다. 아무런 준비없이 불쑥 방문해서 용무는 제대로 보지 못하고 아까운 시간만 낭비하는 일은 없어야 한다. 회사일로 방문하는 그 자체가 자신의 직무임을 명심하고 밝은 표정으로 예의 바르게 행동한다.

방문목적과 용건을 미리 정한다.

적어도 5분 전에 도착한다.

처음 만나는 사람과는 먼저 명함을 교환한 뒤 용건을 말한다.

공손하게 인사를 한 후 용건을 분명하게 말한다.

사전에 양해를 구하지 못했을 경우에는 정중하게 사과인사를 한다.

약속을 지키지 못하게 되면 미리 연락을 취한다.

가능하면 근무시간 내에 방문한다.

면담이 끝나면 적당하게 마무리를 짓고 일어선다.

돌아와서 방문길에 받은 명함은 잘 정리해 둔다.

2. 접 대

우선 접대는 접대하는 만큼의 보람이 있어야 한다. 그러기 위해서는접대는 성의와 진실한 마음으로 이루어져야 한다.

손님이 찾아오면 즉시 일어나서 상냥하게 인사한다.

정중하게 용건을 묻고 누구에게 안내할 것인지를 판단한다.

자주 방문하는 사람은 기억해 둔다.

밝은 표정으로 접대한다.

자기소개를 해야 할 경우에는 반드시 성과 이름을 함께 말한다.

윗사람이 자리를 비웠을 때는 용건을 메모해 둔다.

접대 중 자리를 뜰 경우에는 양해를 구한다.

3. 소 개

 사람을 소개할 때는 묵시적으로 소개한 사람에 대한 책임이 따른다. 하물며 소개할 사람이 업무와 관련이 있을 경우에는 더욱 그렇다. 그만큼 사람을 소개할 때는 소개할 사람에 대해 잘 알고 있어야 함은 물론이고, 서로의 입장을 충분히 고려한 후에 소개하는 것이 바람직하다. 소개할 때는 성과 이름을 함께 말하며 인상에 남을 수 있게 소개한다. 그 사람의 장점이나 취미, 또는 약간의 칭찬이나 특기사항을 재미있게 알려주는 것도 좋은 방법이다.

아랫사람을 먼저 소개한다.

직장 내의 사람과 손님을 소개할 때는 직장 사람을 먼저 소개한다.

남성을 먼저 소개하되 남성이 지위가 높을 때는 여성을 먼저 소개한다.

두 사람을 동시에 소개할 때는 자기와 가까운 사람을 먼저 소개한다.

한 명을 여러 명에게 소개할 때는 한 명을 모두에게 소개한 다음
여러 명을 한사람씩 소개한다.

4. 안 내

손님의 왼쪽 앞으로 두 걸음쯤 앞서 걸어가면서 안내한다.

통로가 꺾여진 곳이나 계단 등에서는 손을 조금 올려 방향을 가리킨다.

손님이 노약자나 장애자일 경우에는 옆에서 부축한다.

계단을 오를 때는 여성이라도 손님의 좌측 3~4칸 앞에서
가끔씩 발 아래를 확인하면서 오르내린다.

5. 악 수

처음엔 가볍게 쥐고 차차 힘을 주어 호의를 나타낸다.

상체를 앞으로 약간 기울이는 자세가 좋다.

나이 차이가 많거나 신분이 대단히 높은 사람과는 오른손 손목을 왼손으로
가볍게 잡고 모시는듯한 동작을 취한다.

장갑을 낀채로 악수하는 것은 실레이다.

연장자라도 신분이 높은 사람에게 먼저 손을 내미는 것은 실례이다.

윗사람이나 여성이 먼저 청한다.

너무 세게 쥐거나 손끝만 내밀고 악수하면 안된다.

계속 손을 잡은채로 말하지 말고 인사가 끝나면 곧 손을 놓는다.

6. 명함 교환

명함은 항상 충분하게 갖고 다닌다.

명함은 반드시 두 손으로 주고 받는다.

자신의 이름을 상대방이 바로 볼 수 있도록 오른손으로 건넨다.

아랫사람이 먼저 내민다.

모르는 한자나 약자일 경우에는 물어서 확인한다.
확인하는 것은 실례가 아니라 호감으로 작용한다.

계속 만지작거리지 말고 상의 윗주머니에 넣는다.

명함을 건넬 때는 친근감있는 인사말을 곁들인다.

명함을 받으면 바로 주머니에 넣지 말고 이름을 확인한 후 기억해 둔다.

상대가 두 사람일 경우에는 윗사람에게 먼저 건넨다.

사무실에서는 반드시 일어서서 소속을 밝히며 통성명을 한다.

제5장. 식사예절

 우리는 일상적으로 식사를 하지만 별 신경을 쓰지않고 먹고마는 경
향이 짙다. 이런 생활습성으로는 고급 음식문화를 가진 사람으로 대
접받지 못한다. 품격을 갖춘 식사예절을 평소부터 몸에 익혀 습관화
시키도록 하자.

1. 한 식

식사 전에 나오는 물수건은 손만 닦고, 닦은 후에는 접어서 식탁 옆에 가지런히 놓는다.

윗사람이 먼저 수저를 먼저 든 후에 든다.

양이 너무 많으면 먹기 전에 미리 덜어놓는다.

음식은 입을 다물고 소리나지 않게 씹고, 국물은 소리가 나지 않게 마신다.

국물은 그릇을 들고 마시지 말고 숟가락으로 떠먹는다.

그릇을 한 손으로 받치거나 수저가 그릇에 부딪히는 소리를 내지 않는다.

반찬을 골라 먹거나 집었다 놓았다 하며 헤집지 않는다.

혼자만 빨리 먹지말고 주위 사람들과 보조를 맞춘다.

수저를 밥그릇에 꽂아 놓거나 한꺼번에 쥐지 않는다.

식사 중에 자리를 뜨지 않는다.

음식은 남기지 않는 것이 예의지만 억지로 먹을 필요는 없다.

음식에 불순물이 들어있으면 남의 눈에 띄지 않도록 처리한다.

식사 중에는 입 안에 있는 음식물을 삼킨 후 이야기하며
윗사람이 말을 건네면 수저를 놓고 말한다.

물을 마실 때는 입 안에 가득 넣고 우물거리거나 소리를 내면 안된다.

음식을 다 먹고 난 후에는 인사를 한다.

이쑤시개는 한 손으로 가리고 사용한다.

2. 양 식

양식은 정식과 일품요리로 나뉘어진다. 일품요리는 오트볼, 스프, 생선회, 고기요리, 샐러드, 디저트, 커피 순으로 주문한다. 정식요리는 일품요리처럼 주문할 수 없으나 기본 메뉴는 비슷하다.

① 오트볼 :식욕을 돋구기 위해 식사 전에 나오는 것으로 달걀부침, 소시지, 구운연어 등
② 스프 :맑은 국물(콩소메)과 진한 국물(포타즈)
③ 생선요리 :생선, 민물고기, 개구리, 조개 등
④ 앙뜨레 :쇠고기(검은 육류), 닭고기(흰 육류) 등
⑤ 샐러드 :상추, 아스파라가스, 양배추, 오이, 마요네즈 소스
⑦ 디저트 :과일, 아이스크림
⑧ 드미따스 :홍차, 커피

· 정식코스 메뉴

전체요리 : 오트볼, 스프
본요리 : 생선요리, 앙뜨레, 샐러드,
후 식 : 디저트, 드미따스

양식의 식사 도구

스프 스푼

전채용 실버

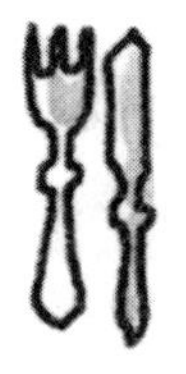

생선용 실버

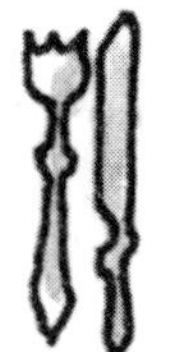

고기용 실버

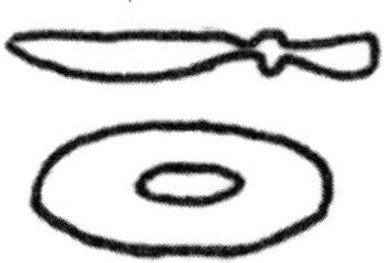

버터 나이프, 빵접시

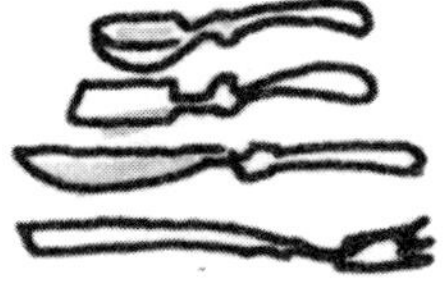

후식용 실버

소금, 후추

물수건

초대를 받았을 때는 늦지 않도록 한다.

가정에서는 남자 손님은 여자 주인의 왼쪽에, 손님의 부인은 남자 주인의 왼쪽에 앉는다.

외투나 우산 등은 입구에 있는 안내인에게 맡긴다.

의자에 앉을 때는 왼쪽으로 들어가서 앉는다.

남자는 여자에게 의자를 당겨 앉기 편하도록 배려한다.

핸드백은 의자와 등 사이에 놓고 소지품 등은 식탁 위에 올려놓지 않는다.

식탁과 몸은 주먹 하나 정도의 간격을 두고 앉는다.

식사할 준비가 되었으면 내프킨을 반으로 접어 무릎 위에 놓는다.

옆 사람의 어깨 너머로 다른 사람과 이야기하지 않는다.

웨이터를 부를 때는 손을 들어 표시한다.

나이프와 포크는 바깥 쪽에 있는 것부터 사용한다.

왼손에는 포크, 오른손에는 나이프를 쥐고 음식을 자른다.

식사할 때는 팔꿈치를 식탁 위에 올려놓지 않는다.

테이블 왼쪽에 있는 빵은 스프를 먹은 후, 입에 들어갈 만큼 떼어서 버터를 발라먹는다.

스프접시에 입을 대지 않도록 한다.

소금이나 후추 등이 멀리있을 때는 옆 사람에게 부탁한다.

음식은 한 입에 들어가기 알맞게 자르며 2~3쪽씩 잘라서 먹는다.

나이프와 포크를 들고 상대방을 가리키지 않는다.

내프킨이 떨어지면 웨이터를 불러 새것으로 교환한다.

컵에 립스틱이 묻지 않도록 입가를 내프킨으로 가볍게 닦는다.

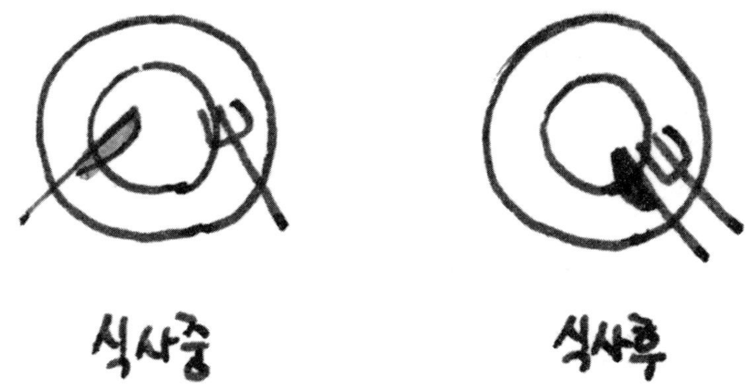

식사 중에는 나이프와 포크를 서로 마주보게 놓고
끝나면 접시 중앙 오른쪽으로 가지런히 놓는다.

담배를 피울 때는 먼저 양해를 구한다.

식사를 마치면 의자 왼쪽으로 나와서 의자를 식탁에 밀어 넣는다.

팁은 청구서의 5%가 일반적이다.

팁이 청구서에 포함되어 있으면 별도로 지불하지 않는다.

한 사람이 팁을 주었으면 다른 사람은 주지 않는다.

제6장. 그밖의 예절

직장생활을 하다보면 사소한 문제들이 많이 생긴다. 이럴 경우 그 상황에 맞게 행동하는 예절을 익혀 올바른 생활을 해나가도록 한다.

1. 화장실

신사용과 숙녀용을 구분해서 들어간다.

문을 잠그고 용무를 본 다음 물을 내린다.

바닥에 함부로 담배꽁초를 버리거나 침을 뱉지 않는다.

물에 잘 녹지않는 휴지 등을 변기 안에 버리지 않는다.

물이나 화장지는 내 물건처럼 아끼는 마음을 갖는다.

남자들은 화장실에서 나오기 전에 옷차림을 단정히 하고 나온다.

2. 엘리베이터

승무원이 없는 경우에는 직원이 먼저 타서 엘리베이터를 작동시킨다.

승무원이 있는 경우에는 고객이나 상사가 먼저 타고 내린다.

엘리베이터 안에서는 잡담이나 큰소리를 삼가한다.

남성은 엘리베이터 안에서 모자를 벗는다.

3. 자동차

자가운전을 하는 경우 운전석 옆자리가 상석이다. 그러나 운전자의 부인이 동행할 때는 부인이 운전석 옆에 앉는다. 부인이 운전할 경우에도 마찬가지다.

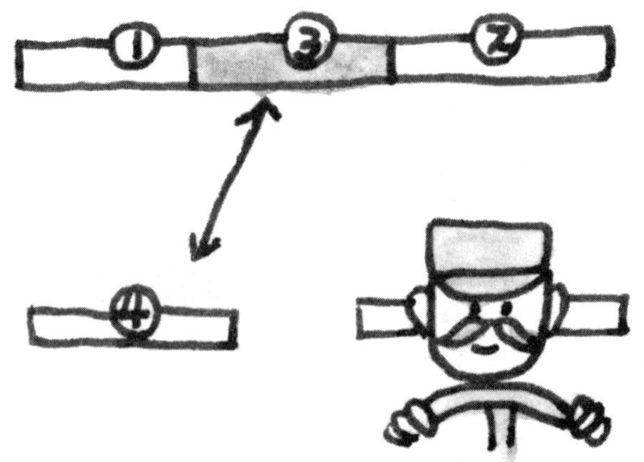

운전기사가 있는 경우 ①이 상석으로 운전사의 대각선 뒷자석이다.
경우에 따라서 ③과 ④는 바뀔 수도 있다.

윗사람을 안내할 때는 오른손으로 문을 열고 연 문을 그대로 고정한채 왼손으로 안내한다.

여성은 엉덩이를 먼저 넣은 다음 다리를 가지런히 붙여서 옮긴다.

4. 열 차

열차는 진행방향으로 앉는다.

①이 상석이다.

5. 비행기

안내방송이나 스투어디스의 지시를 따른다.

창측이 상석이다. 3인용의 경우에도 창측이 상석이며 그 다음은 통로측이다.

6. 전시장

안내원의 지시에 따라 질서있게 조용히 관람한다.

전시품에 가까이 가서 다른 사람이 보는 것을 방해하지 않는다.

전시품에 함부로 손을 대지 않는다.

전시품에 대해 큰소리로 아는척 하지 않는다.

7. 극 장

반드시 입실시간을 지킨다.

상영시간 동안 옆 사람과 큰 소리로 이야기를 해서 다른 사람에게 피해를 주지 않는다.

내용을 알고 있다고 해서 옆 사람과 이야기하지 않는다.

남의 앞을 지날 때는 사과인사를 한다.

음식물은 소리를 내면서 먹지 않는다..

완전히 끝나기 전까지 자리에서 일어서지 않는다.

8. 음악회, 강연회

내용이 지루하게 느껴지지 않도록 스스로 흥미를 갖도록 노력한다.

지루하더라도 남에게 방해가 되지 않도록 주의한다.

앵콜을 청할 때는 두번 정도가 적당하고 휘파람을 불지 않는다.

소란스럽게 박수를 치지 않는다.

9. 병문안

환자의 상태와 면회시간 등을 미리 알고 방문한다.

환자와 오래동안 이야기하지 않는다.

환자 앞에서 큰소리로 이야기하거나 흥분하는 일이 없도록 한다.

다른 사람이 병문안 오면 바로 교대해 준다.

10. 찻 집

근무시간 중에 찻집에 가지않는 것을 원칙으로 한다.

큰소리로 떠들지 않는다.

차를 주문할 때는 큰소리로 외치지 말고 조용하게 손짓으로 종업원을 부른다.

직장이나 업무에 관한 이야기는 삼가한다.

11. 거 리

공공장소에서 털썩 앉거나 다리를 벌리거나 꼬고 앉지 않는다.

공공장소에서는 노인이나 장애자에게 자리를 양보한다.

남녀가 함께 길을 걸을 때는 남자가 차도 쪽으로 걷는다.

길을 건널 때는 육교나 횡단보도, 지하도를 이용한다.

12. 카 풀

약속시간을 어기지 않는다.

카풀을 이용하지 않게 되는 날은 미리 운전자에게 알린다.

차 안에서는 담배를 피우지 않는다.

창문을 열거나 닫을 때는 함께 탄 사람의 동의를 얻는다.

제7장. 호칭예절

　대화를 하기 위해서는 우선 상대방에게 적당한 호칭을 사용해야 한다. 그런데 호칭이 상대방에게 불쾌하게 받아들여진다면 그 만남의 결과는 성공적으로 이루어질 수 없을 것이다. 호감받는 생활을 위해서 올바른 호칭예절을 익히도록 하자.

「씨」는 직장인들이 가장 선호하는 호칭이지만 나이 차이가 많은 사람에게는 적당하지 않다.

선배, 형은 「씨」라고 부르기가 곤란한 경우에 많이 쓰인다. 개인적인 관계에서의 「형」은 윗사람을 부르는 호칭이지만, 사회에서의 「형」은 주로 동년배나 아랫사람에게 쓴다.
아래 위로 5살 이내에 사용하는 것이 가장 무난하다.

직책이 없는 선배나 동료직원에게 「씨」로 부르기 어려울 때, 직책이 있는 상사나 나이 차가
아주 많은 연장자를 부를 때, 혹은 아랫사람이라도 나이가 많을 때 선생님이라고 부른다.

여자들 사이에서 사용하는 호칭이지만 나이를 확인하지 않고 무작정 사용하거나,
처음 보는 사람 또는 서먹서먹한 사람한테 부른다면 오히려 불쾌하게 생각할 수도 있다.

윗사람이나 공식적인 자리에서 아랫사람에게라도 「저」라고 표현한다.

아가씨, 미스, 양 등은 직장에서 많이 사용하지만 「씨」라고 부르는 것이 더 좋다.

「자네」는 나이가 많은 사람이 젊은 사람을 대접해서 부르는 호칭이며 친한 친구들 사이에서도 사용한다. 처음보는 사람이거나 가깝지 않는 사람에게는 사용하지 않는다.

당신이란 호칭은 선배가 후배에게 사용할 수 있으나 좋은 일에 사용하는 것이 좋다.

어릴 때는 엄마 아빠라고 할 수 있지만 성장해서는 어머니, 아버지

며느리에게는 아이가 없을 때는 아가, 새아가, 아기야, 며늘아, 큰(작은)애야, 얘 등으로
부르고, 자녀가 있으면 아가, 얘, 얘야, 큰(작은)얘야, 어미야, 어멈아, ○○엄마야.

시부모님을 부를 때

사위와 장인 장모

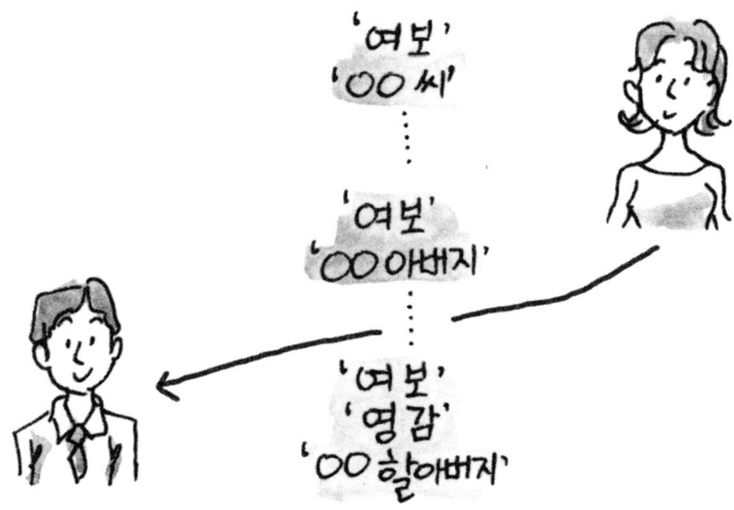

남편을 부를 때

아내를 부를 때

남편의 형과 그의 아내를 부를 때

남편의 남동생과 그의 아내를 부를 때

남편의 누나와 그의 남편을 부를 때

남편의 여동생과 그의 남편을 부를 때

아내의 오빠와 그의 아내를 부를 때(연하일 때는 처남이라고 부른다.)

아내의 남동생과 그의 아내를 부를 때

아내의 언니와 그의 남편을 부를 때

아내의 여동생과 그의 남편을 부를 때

친구의 아내를 부를 때

친구의 남편을 부를 때

남편의 친구를 부를 때

아내의 친구를 부를 때

아버지의 친구를 부를 때

어머니의 친구를 부를 때

친구의 아버지를 부를 때

친구의 어머니를 부를 때

특별한 생일이름

60세 : 육순(六旬)
61세 : 회갑(回甲), 환갑(還甲), 주갑(周甲), 화갑(花甲), 화갑(華甲)
62세 : 진갑(進甲), 진갑(陳甲)
66세 : 미수(美壽)
70세 : 칠순(七旬), 고희(古稀), 희연(稀宴), 희연(稀筵), 희경(稀慶)
71세 : 망팔(望八)
77세 : 희수(喜壽)
80세 : 팔순(八旬)
81세 : 망구(望九)
88세 : 미수(米壽)
90세 : 졸수(卒壽)
99세 : 백수(白壽)

제8장. 관혼상제

　성장해서 성인이 되는 관례(冠禮), 배우자를 맞이하는 혼례(婚禮), 초상을 치르는 상례(喪禮), 그리고 조상의 제사를 받드는 제례(祭禮)를 관혼상제라고 한다. 이 의식들을 치르는데는 각각의 절차와 방법이 있으니 알아두어 예의에 어긋남이 없도록 해야겠다.

1. 관 례(冠禮)

　매년 5월 20일이 성년의 날이다. 사람이 태어나서 자라나 신체나 지능이 완전이 발달되어, 한 사람의 성인으로 권리와 책임의식을 심어주기 위한 날로 국가나 지방자치단체, 학교 또는 기업 등에서 베풀어 준다.

매년 5월 20일은 성년의 날

2. 혼 례(婚禮)

이제껏 자라온 환경에서 벗어나 평생의 반려자와 가정이라는 공동체를 형성하며 남녀의 육체적, 정신적 결합을 사회적으로 인정받는 의식이다. 혼례에는 예식장에서 간단히 치루는 현대식과 전통혼례가 있다.

전통혼례의 절차

① 의 혼(議婚)·양가에서 사람을 보내 궁합을 본 후 합의되면 결혼을 허락한다.

② 납 채(納采)·양가가 혼인하기로 결정되면 신랑의 사주를 신부집으로 보낸다.

③ 연 길(涓吉)·혼례일을 정하는 것으로 신부집에서 날을 잡아 신랑집으로 보낸다.

④ 친 영(親迎)·신랑이 사모관대를 쓰고 신부를 맞기 위해 신부집으로 가는 것을 말한다. 신랑은 신부집 문 밖에서 전안례를 드린다.

⑤ 전안례(奠雁禮)·신부집 접대인이 나와 세번 읍하고 신랑을 맞는다.
 ·이때 신랑도 세번 읍하고 답례하면 안부(雁夫)가 나무 기러기를 전안상에 올린다.
 ·신랑은 전안상 앞에 있는 배석에 꿇어앉는다. 그리고 나무 기러기를 한번 안았다 놓은 후 일어나 나무 기러기를 향해 나아가 세번, 물러나 세번 절한다.

· 이때를 맞추어 신부집 수모(手母)는 나무 기러기를
일른 신부 앞에 놓는다.

⑥ 초 례(醮禮) · 신랑과 신부가 만나 초례청에서 초례를 올리는 깃을
말한다.

· 초례청에는 신위상(神位床)이 차려진다. 그 위에는
술잔, 나무 기러기, 찹쌀, 과일, 향불을 피우고 촛불
을 밝힌다.

· 정한수 그릇을 신위상 앞에 놓고 그 양쪽에는 소나
무와 대나무 가지를 병에 꽂아 변함없는 절개를 맹세
한다.

· 상견례:신랑이 신위상 향로 앞에 꿇어앉아 두번 절
하면 신부집 수모가 신부를 안내해 나온다. 이때 신
랑은 동쪽을 향해 서있다가 신부가 나오면 바로 선다.

· 신랑과 신부가 꿇어앉아 물로 손을 깨끗하게 하는
예를 마치고 같이 일어선다.

· 주례가 혼흘을 주제하면 구령에 따라 신랑이 신부에
게 절을 한 후 자리 위로 올라선다.

· 주례의 신호에 따라 신부가 두번 절하고 꿇어 앉으
면 신랑은 답례로 한번 절한다.

· 신부가 다시 일어나 두번 절하면 신랑도 또 한번 답
례한다.

· 상견례가 끝나면 신랑 신부가 같이 향을 피우고 두
번 절하면 부부가 되었음을 서약하는 것이다.

· 곧이어 청실홍실이 드리운 술잔이 오가고 신랑 신부
가 마주 보고 절을 함으로써 백년해로를 약속한다.

· 이런 절차가 끝나고 신랑 신부가 내빈을 향해 절을
함으로써 대외적으로 부부가 되었음을 선포한다.

폐 백(幣帛) · 신부가 시부모와 신랑 친척들에게 인사를 드리는 의
　　　　　　식이다.
　　　　　· 항렬이 높은 사람에게는 큰절을 하고 항렬이 같거나 낮
　　　　　　은 사람에게는 평절로 맞절한다.

오늘날의 혼례 절차

결혼식장에서 간단하게 치루는 현대식 결혼이다. 식순은 대체로 다
음과 같다.
1.개식(사회자) 2.신랑입장　3.신부입장　4.신랑 신부 맞절
5.혼인서약 6.성혼선언 7.예물교환 8.혼인신고서 날인
9.주례사(주례) 10.신랑 신부 내빈께 인사 11.신랑 신부 행진
12.폐식(사회자)

결혼기념일의 명칭

- 1주년 지혼식(紙昏式)　　　　　· 2주년 고혼식(高昏式)
- 3주년 과혼식(菓昏式)　　　　　· 4주년 혁혼식(革昏式)
- 5주년 목혼식(木昏式)　　　　　· 7주년 화혼식(花昏式)
- 10주년 석혼식(錫昏式)　　　　· 12주년 마혼식(麻昏式)
- 15주년 동혼식(銅昏式), 수정혼식(水晶昏式)
- 20주년 도혼식(陶昏式)　　　　· 25주년 은혼식(銀昏式)
- 30주년 진주혼식(眞珠昏式)　· 35주년 산호혼식(珊瑚昏式)
- 40주년 녹옥혼식(綠玉昏式)　· 45주년 홍옥혼식(紅玉昏式)
- 50주년 금혼식(金昏式)
- 60주년 또는 75주년 금강석혼식(金剛石昏式)

 지역에 따라 더 중점을 두는 해가 다르지만 대체로 영국에서는 5, 15, 25, 50, 60, 또는 75주년을 기념하고, 미국에서는 75년만에 금강석혼식을 성대하게 치르며, 우리 나라에서는 60수년이 되는 해에 큰 잔치를 베풀고 있다.

3. 상 례(喪禮)

수 시(收屍)

- 객관적으로 분명히 운명했다고 판단되면 지체없이 의사를 불러 사망을 확인한다.
- 희고 부드러운 솜으로 코와 귀를 막는다.
- 눈을 뜨고 숨을 거두는 경우가 많으니 눈을 감기고 입을 다물게 한 후 머리를 높게 괴고 손발을 바르게 놓는다.
- 이때 남자는 왼손, 여자는 오른손을 위로 오게 한다.
- 관 위에 시신을 눕힌 후 홑이불로 덮고 시상(屍床)으로 옮겨 병풍이나 장막으로 가린다.
- 시상이란 입관하기 전에 시신을 놓는 널판을 말한다.
- 그 앞에 고인의 사진을 검정띠를 둘러서 모시고 촛불을 밝힌 후 앞쪽 가운데 향을 피운다.

발 상(發喪)

- 사람이 죽었음을 알리는 것으로 요즘은 장의사에서 모든 절차와 필요한 물품 등을 구비하여 처리해 주고 있다.
- 위에서 말한 수시가 끝나면 가족들은 바로 검소한 옷으로 갈아 입는다. 남자는 검은색 양복과 넥타이를, 여자는 흰 치마 저고리를 입는다.

상 제(喪制)

- 고인의 배우자와 직계비속(자녀, 손자, 손녀)이 상제다.

- 장자가 상주가 되나 장자가 없을 경우에는 장손이 상주가 된다. 장자, 장손이 없을 경우에는 차자나 차손이 상주가 되며, 자손이 없을 때는 최근친자(最近親者)가 상례를 주재한다.
- 복인(服人)의 범위는 고인의 8촌 이내의 친족으로 한다.

호 상(護喪)

- 친척이나 친지 중에서 경험이 있는 사람이 상주를 대표해서 상례에 대한 모든 일을 진행시킨다.
- 사망신고와 매장 허가신청의 절차를 밟는다.
- 호상소(護喪所)를 마련한다.
- 부고(訃告)를 작성하여 신속히 발송한다.
- 장례에 필요한 모든 경리를 관리한다.
- 조문객 명부를 만들어 비치한다.

부 고(訃告)

부　고

○○○ 부친(또는 모친 등)　○○○ 씨가
금월 ○일　○시에 자택(00병원)에서 별세하였기에 삼가
부고하나이다.

영결식 : ○월 ○일 상오 ○시
영결식장 : ○○○
발인 : ○월 ○일 하오 ○시
장지 : ○○○

상주 자(子) ○○○

년　　　월　　　일

호상 ○○○

조 문(弔問)

- 조문객은 검정색 계통의 정장을 한다.
- 상제에게 목례를 한 후 고인의 영전 앞에 꿇어앉아 향을 피우고 두번 절한다.
- 상주와 맞절을 한 후 적절한 조상인사를 한다.
- 고인과 생전에 대면한 일이 없는 조객이나 여자는 상주에게만 인사한다.

장일과 장지

- 장일을 정할 때는 짝수로 쓰지 않고 홀수로 쓴다.
- 3일장, 5일장, 7일장이 있다.
- 장지는 공동묘지나 공원묘지, 가족묘지, 선산이 있다. 합장하는 경우에는 좌측에 남자, 우측이 여자다.

발인제(發靷祭)

- 망인과 마지막 작별을 고하는 의식으로 흔히 영결식이라고 하며 상가나 장례식장에서 행한다.
- 발인제의 식장에는 영구를 모시고 그 옆에 명정(銘旌)을 세운다.
- 제상에는 사진이나 위패를 모시고 촛대, 향로, 향합을 준비한다.

탈 상(脫喪)

- 부모, 조부모, 배우자는 사망한 날로부터 100일, 기타의 경우에는 장일까지로 한다.

· 상기(喪期) 중에는 신위를 모셔두는 궤연은 설치하지 않는다.
· 탈상제(脫喪祭)는 기제(忌祭)에 준하여 시행한다.

사망한 후의 칭호

· 조부 : 왕대인(王大人)
· 조모 : 왕대부인(王大夫人)
· 부 : 대인(大人)
· 모 : 대부인(大夫人)
· 처 : 망실(亡室)
· 형 : 망형(亡兄)
· 동생 : 망제(亡弟)

부의봉투 쓰기

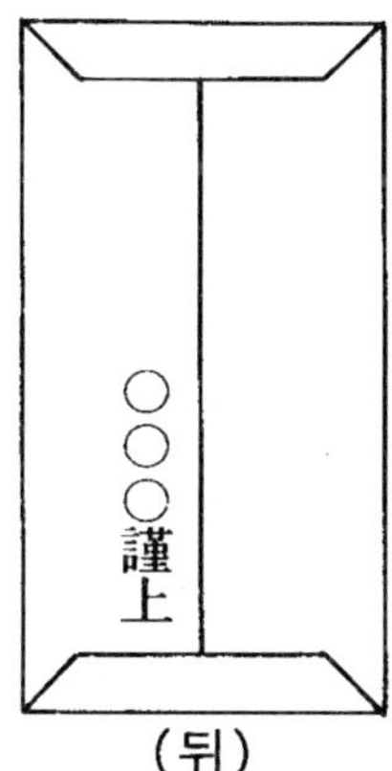

4. 제 례(祭禮)

제사의 종류

우 제(虞祭) · 장례식이 끝난 다음 집으로 혼백을 모시고 와서 편히
　　　　　　모신다는 뜻이다.
　　　　　· 장례를 지내고 3일만에 성묘를 하고 우제는 다음과
　　　　　　같이 3차례로 지낸다.
　　　　　· 장지에서 돌아온 그날 저녁에 영좌에 혼백을 모시고 지
　　　　　　내는 초우제(初虞祭).
　　　　　· 장사를 지낸 이튿날, 즉 초우 뒤의 유일(柔日:乙, 丁,
　　　　　　己, 申, 癸) 아침에 지내는 재우제(再虞祭).
　　　　　· 재우를 지낸 뒤 강일(剛日:甲, 丙, 戊, 壬) 식전에 지
　　　　　　내는 삼우제(三虞祭).

소 상(小祥) · 만 1년이 되는 날 지내는 제사이다.
　　　　　· 아버지가 살아계시는 어머니의 소상일 경우에는 11개
　　　　　　월이 되는 그 날의 첫 정일(丁日)에 지내고, 만 1년 되
　　　　　　는 날 대상을 지낸다.

대 상(大祥) · 만 2년이 되는 날 지내는 제사이다.
　　　　　· 제사를 지낸 다음 상복과 상장 등을 불태우고 영좌도
　　　　　　물린다.

담 제(潭祭) · 대상이 지난 뒤 석달만에 그달 하순의 정일(丁日)이나
　　　　　　해일(亥日)에 옥색옷을 입고 지낸다.

시 제(時祭) · 춘하추동 중월(仲月)에 일년에 4번 종묘에 지낸다.

다 례(茶禮) · 매월 음력 초하루, 보름, 생일 낮에 간단하게 지낸다.
연시제(年始祭) · 매월 정월 초하루에 지낸다.
절 사(節祠) · 추석날 아침에 지낸다.
기 제(忌祭) · 매년 사망한 날 닭이 울기전, 전날 밤 12시에서 1시 사
　　　　　　 이에 제주의 집에서 지낸다.
　　　　　· 우리가 말하는 제사가 이것이다.
묘 제(墓祭) · 모든 조상들의 묘소에 가서 지내는 제사이다.
　　　　　· 한식이나 10월에 날짜를 정해 지낸다.
천 신(薦新) · 철마다 새로 나온 물건을 올리며 지내는 제사이다.
한식성묘 · 한식은 새싹이 돋아나는 시기이니 묘에 새롭게 떼를 입
　　　　　 히고 지낸다.
사 갑(祀甲) · 부모가 환갑 전에 돌아가셨을 경우 회갑일에 지내는
　　　　　　 제사이다.

신위 모시기

· 신위는 사진으로 한다. 사진이 없는 경우에는 지방으로 대신한다.
· 지방은 제사를 받을 조상의 직함과 성씨 등을 기재하며 백지에 먹
　으로 쓴다.

제사지내는 절차

① 혼령 모시기: 제주가 분향하고 재배한 후 잔을 올리면 참사자는 일
　　　　　　　 제히 신위 앞에 재배한다.
② 잔 올리기: 술잔은 한번 올린다.
③ 축문 읽기: 축문을 읽은 후 묵념한다.
④ 물 림: 참사자는 일제히 신위 앞에 재배한다.

가정의례준칙 제찬도

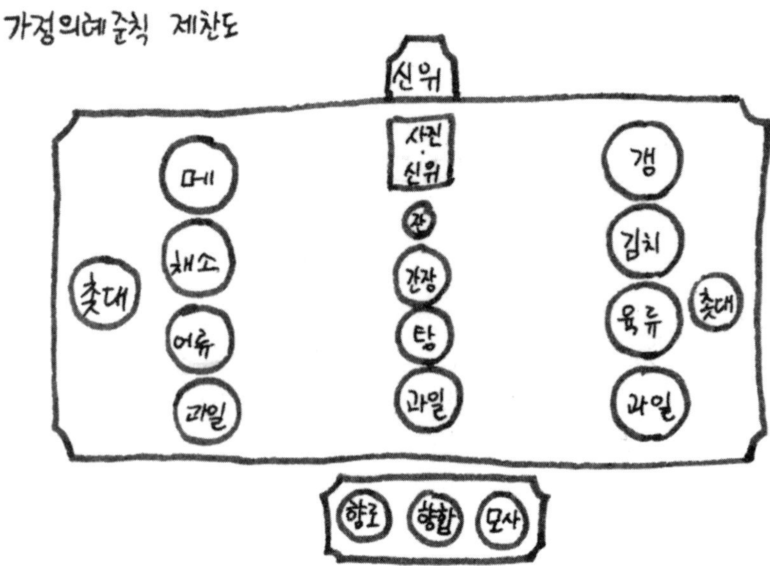

한분을 모실 때

가정의례준칙 제찬도

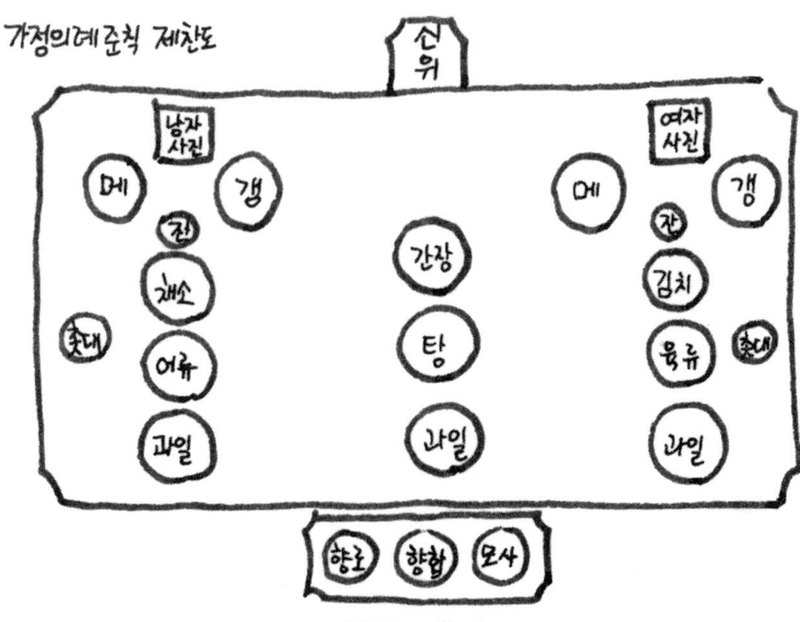

두분을 모실 때

제사의 봉사(奉祀) 범위 및 시일

· 기제사는 조부모와 부모, 2대 봉사를 원칙으로 한다.
· 후손이 없는 친족은 최근친자가 제주 당대에 지낼 수 있다.
· 기제사의 일기는 기일 일몰 후에 지낸다.
· 원단(元旦:설날 아침)에는 기제사의 봉사 범위를 대상(大祥) 위로 한다.
· 묘사(墓祀)의 범위는 2대까지 한다.

제상 차리기

· 제삿상의 위치는 북쪽 벽에 병풍을 치고 차린다.
· 참사자들은 남쪽에 서서 북쪽을 바라보며 지낸다.

5. 가정의례준칙

제1장 총칙

제1조【목적】이 영(令)은 가정의례에 관한 법률(이하「법」이라 한다) 제3조 제2항의 규정에 의하여 가정의례의 의식절차에 관한 기준을 정함을 목적으로 한다.

제2조【용어의 정의】이 영에서 사용하는 용어정의는 다음과 같다.

1.「혼례」라 함은 약혼 또는 혼인에서 신행까지의 의식절차를 말한다.

2.「상례」라 함은 임종에서 탈상까지의 의식절차를 말한다.

3.「제례」라 함은 기제, 절사, 연시제의 의식절차를 말한다.

4.「회갑연」이라 함은 제60회의 출생일을 기념하기 위하여 행하여지는 의식절차를 말한다.

5.「주상」이라 함은 상례의 의식제전을 주관하는 사람을 말한다.

6.「제주」라 함은 제사의 의식절차를 주관하는 사람을 말한다.

제3조【만장의 사용】법 제4조 제1항 제5호에서「만장의 사용」이라 함은 죽은 사람을 슬퍼하여 지은 글을 비단이나 종이 등에 적어서 기를 만들어 상요를 따르게 하는 것을 말한다.

제4조【종교의식의 특례】종교의식에 따른 가정의례를 행하는 경우에는 이 준칙에 위배되지 아니하는 범위에서 그 종교 고유의 의식절차에 따라 행할 수 있다.

제2장 혼례

제5조【약혼】약혼을 하는 경우에는 당사자의 호적등본과 건강진단
  서를 첨부한 별지 1의 서식에 의한 약혼서를 교환함으로써 행하되,
  약혼식은 따로 거행하지 아니한다.
제6조【혼인】① 혼인식을 거행하는 경우에는 다음 각 호의 사항을
  준수하여야 한다
  1.혼인식의 장소는 당사자 일방의 가정, 공회당이나 법 제5조의 규
    정에 의하여 허가를 받은 결혼예식장 기타 적당한 장소로 한다.
  2.혼인신고서에 서명날인 한다.
  3.혼례복장은 단정하고 간소하며 청결한 옷차림으로 한다.
  ② 혼인에 있어서 혼수는 검소하고 실용적인 것으로 하며「함잽이」
    를 보내는 행사는 하지 아니한다.
  ③ 신행은 혼일 당일에 한다.
  ④ 혼인식에 있어서의 식순, 혼인서약, 성혼선언의 요령은 별지 2
    에 의한다.

제3장 상례

제7조【장례제식】사망 후 매장 완료 또는 화장 완료시까지 행하는
  제식(이하「장례식」이라 한다)은 발인제와 위령제만을 행하고 그 외
  의 노제, 반우제, 삼우제 등의 제식은 행하지 아니한다.
제8조【발인제】① 발인제는 영구가 상가 또는 장례식장을 떠나기
  직전에 그 상가 또는 장례식장에서 행한다.
  ② 발인제의 식장에는 영구를 모시고 그 옆에 명정을 세우며 제상
    에는 사진 또는 위패를 모시고 촛대, 향로, 및 향합을 준비한다.
제9조【위령제】① 매장의 경우에 있어서의 위령제는 무덤쌓기가 끝

난 후 그 무덤 앞에서 혼령자리를 모시고 간소한 제수를 차려놓고 분향, 잔 올리기, 축문 읽기 및 배례로써 행한다.

② 화장의 경우에 있어서의 위령제는 화장이 끝난 후 혼령자리를 유골함으로 대신하고 제1항에 준하는 절차로써 행한다.

제10조【장일】장일은 부득이한 경우를 제외하고는 사망한 날로부터 3일이 되는 날로 한다.

제11조【상기】① 부모, 조부모와 배우자의 상기는 사망한 날로부터 100일까지로 하고 기타의 자의 상기는 장일까지로 한다.

② 상기 중 신위를 모셔두는 궤연은 설치하지 아니하고 탈상제는 기제에 준하여 행한다.

제12조【상복 등】① 상복은 따로 마련하지 아니하고 한복일 경우에는 백색 또는 흑색 복장으로 하고, 양복일 경우에는 흑색 복장으로 하고 왼쪽 흉부에 상장 또는 흰꽃을 달거나 두건을 쓴다. 다만 부득이한 경우에는 그 복장을 평상복으로 할 수 있다.

② 상복은 입는 기간은 장일까지로 하고 상장을 다는 기간은 탈상까지로 한다.

제13조【상제】① 사망자의 배우자와 직계비속은 상제가 된다.

② 주상은 장자가 되고 장자가 없는 경우에는 장손이 된다.

③ 사망자의 자손이 없는 경우에는 최근친자가 상례를 주관한다.

제14조【부고】신문에 부고를 게재하는 경우에는 행정기관, 기업체, 기타 직장이나, 단체의 명의를 사용하지 못한다.

제15조【관 나르기】① 관 나르기는 영구차 또는 영구수레로 한다. 다만 부득이한 경우에는 상여로 하되 상여에는 과분한 장식을 하여서는 아니된다.

② 관 나르기의 행렬 순서는 사진, 명정, 영구, 상제 및 조객의 순으로 한다.

제16조【상례의 식순 등】장례에 있어서의 식순, 상장의 규격은 별지 3에 의한다.

제4장 제례

제17조 【제례의 구분】 제례는 기제, 절사, 연시제로 구분한다.

제18조 【기제】 ① 기제의 대상은 제주로부터 2대조까지 한다.

② 기제는 매년 사망한 날 해진 뒤 제주의 가정에서 지낸다.

③ 기제의 참사자의 범위는 사망자의 직계자손으로 한다.

제19조 【절사】 ① 절사의 대상은 직계조상으로 한다.

② 절사는 매년 추석절 아침에 종손의 가정에서 지낸다.

③ 절사의 참사자의 범위는 직계자손으로 한다.

제20조 【연시제】 연시제는 매년 1월 1일 아침에 지내되 그 대상, 장소, 참사자의 범위는 기제에 준한다.

제21조 【제수】 ① 제수는 평상시의 간소한 반상음식으로 자연스럽게 차린다.

② 절사의 경우에는 떡으로, 연시제의 경우에는 떡국으로 밥에 대신할 수 있다.

제22조 【제례절차 등】 제례에 있어서의 절차 등의 요령은 별지 4에 의한다.

제23조 【성묘】 성묘는 각자의 편의대로 하되 그 배려 방법은 재배 또는 묵념으로 하며 제수는 마련하지 아니한다.

제5장 회갑연

제24조 【회갑연】 회갑연은 가정에서 친척과 친지가 모여 간소하게 하되 지나친 접대는 하지 아니한다.

부 칙

1.【시행일】이 영은 1973년 6월 1일부터 시행한다.
2.【구 준칙의 폐지】종전의 가정위례준칙은 이를 폐지한다.

1973. 5. 17. 대통령령 제 6680호
개정 1975. 5. 30. 대통령령 제 7637호
개정 1985. 3. 30. 대통령령 제11671호

【별지 1】 약혼서식

약   혼   서

구 분	남	여
본 적		
주 소		
성 명		
주민등록번호		
생 년 월 일		
호주의 주소·성명		

위 두 사람은 다음과 같이 혼인할 것을 약속함
1.결혼 예정일
2.기타조건

년   월   일

약혼자 (남) ○ ○ ○
　　　 (여) ○ ○ ○
입회인
(남자측) 주 소
　　　　 성 명
(여자측) 주 소
　　　　 성 명

※첨부:호적등본 1부
　　　　건강진단서 1부
※민법 제808조의 규정에 의한 동의를 요구하는 경우
　에는 입회인은 그 동의권자로 한다.

【별지 2】혼인식에 있어서의 식순, 혼인서약, 성혼선언

1.혼인식순

가. 개식(사회자)	사.혼인신고서 날인
나.신랑입장	아.주례사(주례)
다.신부입장	자.신랑, 신부 내빈들께 인사
라.신랑, 신부 맞절	차.신랑, 신부 행진
마.혼인서약	카.폐식(사회자)
바.성혼선언	

2.혼인서약

주례는 신랑 신부에게 다음과 같은 내용의 혼인서약을 하게 한다.

> 신랑 ○○○군과 신부 ○○○양은 어떠한 경우라도 항시 사랑하고 존중하며 어른을 공경하고 진실한 남편과 아내로서 도리를 다할 것을 맹세합니까?

3.성혼선언

성혼선언을 다음과 같이 한다.

> 이제 신랑 ○○○군과 신부 ○○○양은 그 일가 친척과 친지를 모신 자리에서 일생동안 고락을 함께 할 부부가 되기를 굳게 맹세하였습니다. 이에 주례는 이 혼인이 원만하게 이루어진 것을 여러분 앞에 엄숙하게 선언합니다.
>
> 년   월   일
>
> 주례 ○ ○ ○

【별지 3】 상례에 있어서 식순, 상장의 규격

1.발인제의 식순

가. 개식   라.조객분향
나.주상 및 상제들의 분향 마.폐식
다.고인의 약력 소개

2.상장의 규격

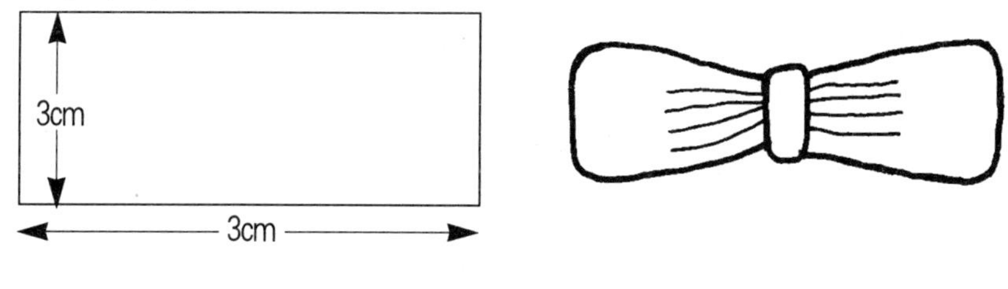

감의 크기(2겹)

【별지 4】 약제례에 있어서의 절차 등

1.차례의 절차

가.혼령 모시기: 제주는 분향하며 모사에 술을 붓고 참사자는 일제
히 신위 앞에 재배한다.

나.잔 올리기: 술잔은 한번 올린다.

다.축문 읽기: 축문을 읽은 후 묵념한다.

라.물 림: 참사자는 일제히 신위 앞에 재배한다.

2.신위 모시기

신위는 사진으로 하되 사진이 없을 경우에는 지방으로 대신한다.
지방은 한글로 백지에 먹으로 다음의 본보기에 따라 쓴다.

가. 부모의 경우

아버님 신위

어머님김해김씨 신위

나. 합사하는 경우

어머님전주이씨 신위
아버님 신위
할머님밀양박씨 신위
할아버님 신위

다. 배우자의 경우

부군 신위

망실전주이씨 신위

라. 절사의 경우

선조 여러 어른 신위

신세대 직장인이 해야 할 일들

1판 1쇄 인쇄일 ｜ 2011년 7월 6일
1판 1쇄 발행일 ｜ 2011년 7월 16일

발행처 ｜ 삼한출판사
발행인 ｜ 김충호
지은이 ｜ 이태종

신고년월일 ｜ 1975년 10월 18일
신고번호 ｜ 제305-1975-000001호

411-776 경기도 고양시 일산서구 일산동 1654번지
산들마을 304동 2001호

대표전화 (031) 921-0441
팩시밀리 (031) 925-2647

값 10,000원
ISBN 978-89-7460-158-4 03320